住房租赁条例

中国法治出版社

住房租赁条例
ZHUFANG ZULIN TIAOLI

经销/新华书店
印刷/保定市中画美凯印刷有限公司
开本/850毫米×1168毫米 32开　　　印张/0.75 字数/10千
版次/2025年7月第1版　　　　　　　2025年7月第1次印刷

中国法治出版社出版
书号 ISBN 978-7-5216-5533-9　　　　　　　　定价：4.00元

北京市西城区西便门西里甲16号西便门办公区
邮政编码：100053　　　　　　　　　　　传真：010-63141600
网址：http://www.zgfzs.com　　　　编辑部电话：010-63141673
市场营销部电话：010-63141612　　　印务部电话：010-63141606

（如有印装质量问题，请与本社印务部联系。）

目　　录

中华人民共和国国务院令（第 812 号） ……………（1）
住房租赁条例 ………………………………………（2）
司法部、住房城乡建设部负责人就《住房
　租赁条例》答记者问………………………………（16）

中华人民共和国国务院令

第 812 号

《住房租赁条例》已经 2025 年 6 月 27 日国务院第 62 次常务会议通过，现予公布，自 2025 年 9 月 15 日起施行。

总理　李强

2025 年 7 月 16 日

住房租赁条例

第一章 总 则

第一条 为了规范住房租赁活动，维护住房租赁活动当事人合法权益，稳定住房租赁关系，促进住房租赁市场高质量发展，推动加快建立租购并举的住房制度，制定本条例。

第二条 城镇国有土地上住房租赁活动及其监督管理，适用本条例。

第三条 住房租赁市场发展应当贯彻党和国家路线方针政策、决策部署，坚持市场主导与政府引导相结合。

第四条 国务院住房城乡建设主管部门负责全国住房租赁活动的监督管理工作。

县级以上地方人民政府房产管理部门负责本行政区域内住房租赁活动的监督管理工作。

县级以上人民政府市场监督管理、公安等部门依照本条例和其他有关法律、法规的规定，在各自的职责范围内负责住房租赁活动的监督管理工作。

第五条 国家鼓励居民家庭将自有房源用于租赁，支持企业盘活改造老旧厂房、商业办公用房、自持商品住房等用于租赁，多渠道增加租赁住房供给。

国家鼓励出租人和承租人依法建立稳定的住房租赁关系，推动租购住房在享受公共服务上具有同等权利。

第六条 从事住房租赁活动，应当遵守法律、法规，遵循平等、自愿、公平、诚信原则，不得危害国家安全、损害公共利益和他人合法权益，不得违背公序良俗。

第二章 出租与承租

第七条 用于出租的住房应当符合建筑、消防、燃气、室内装饰装修等方面的法律、法规、规章和强制性标准，不得危及人身安全和健康。

厨房、卫生间、阳台、过道、地下储藏室、车库等非居住空间，不得单独出租用于居住。

租赁住房单间租住人数上限和人均最低租住面积，应当符合设区的市级以上地方人民政府规定的标准。

第八条 出租人和承租人应当使用实名签订住房租赁合同。

出租人应当按照规定，通过住房租赁管理服务平台等方式将住房租赁合同向租赁住房所在地房产管理部门备案。房产管理部门应当提高住房租赁合同备案服务水平，不得就住房租赁合同备案收取任何费用。

出租人未办理住房租赁合同备案的，承租人可以办理备案。

第九条 出租人应当遵守下列规定：

（一）向承租人出示身份证明材料、拟出租住房的不动产权属证书或者其他证明其具有合法出租权利的材料，并配合承租人依法查询、核实拟出租住房有关信息；

（二）核验承租人的身份证明材料，不得将住房出租给拒绝出示身份证明材料的单位或者个人；

（三）不得擅自进入租赁住房，但是经承租人同意或者依法可以进入的除外。

第十条 出租人收取押金的，应当在住房租赁合同中约定押金的数额、返还时间以及扣减押金的情形等事项。除住房租赁合同约定的情形以外，出租人无正当理由不得扣减押金。

第十一条 承租人应当遵守下列规定：

（一）向出租人出示身份证明材料；

（二）安全、合理使用租赁住房，不得损坏、擅自拆除、停用消防设施或者改动租赁住房承重结构，不得私拉乱接水、电、燃气管线；

（三）未经出租人同意，不得擅自改变租赁住房用

途、拆改室内设施或者改动租赁住房其他结构;

(四)遵守物业管理规约,不得任意弃置垃圾、超标准排放污染物或者产生噪声、违反规定饲养动物、违章搭建、侵占公共通道、高空抛物或者实施其他损害他人合法权益的行为;

(五)对出租人依法确需进入租赁住房的,予以配合。

第十二条 出租人依法解除住房租赁合同的,应当通知承租人,并为承租人腾退租赁住房留出合理时间。

出租人不得采取暴力、威胁或者其他非法方式迫使承租人解除住房租赁合同或者腾退租赁住房。

第十三条 住房租赁合同连续履行达到规定期限的,出租人按照有关规定享受相应的政策支持,承租人按照有关规定享受相应的基本公共服务。

第三章 住房租赁企业

第十四条 国家完善政策措施,培育市场化、专业化的住房租赁企业。

住房租赁企业,是指以自有住房或者依法取得经营管理权的他人住房开展住房租赁经营业务的企业。住房租赁企业应当具备与其经营规模相适应的自有资金、从业人员和管理能力。

住房租赁企业出租住房，适用本条例有关出租人的规定。

第十五条　住房租赁企业依法登记的经营范围应当使用"住房租赁"的表述。

住房租赁企业应当自领取营业执照之日起30日内，向所在地县级以上地方人民政府房产管理部门报送开业信息。房产管理部门应当将住房租赁企业开业信息向社会公开。

住房租赁企业应当在其经营场所醒目位置公示本企业开业信息、服务规范和标准等。

第十六条　住房租赁企业发布的住房地址、面积、租金等房源信息应当真实、准确、完整，在其经营场所、互联网等不同渠道发布的房源信息应当一致，发布的房源图片应当与实物房源一致，不得发布虚假或者误导性房源信息，不得隐瞒或者拒绝提供拟出租住房的有关重要信息。

第十七条　住房租赁企业应当建立住房租赁档案，如实记载相关信息，并健全住房租赁信息查验等内部管理制度。

住房租赁企业不得非法收集、使用、加工、传输他人个人信息，不得非法买卖、提供或者公开他人个人信息。

第十八条　住房租赁企业应当按照规定向所在地县级以上地方人民政府房产管理部门报送其经营的租赁住房信息及其变化情况。

第十九条　从事转租经营的住房租赁企业应当按照规定设立住房租赁资金监管账户并向社会公示，并通过该账户办理住房租赁资金收付业务，具体办法由国务院住房城乡建设主管部门会同国务院有关部门制定。

第二十条　自然人转租他人住房开展住房租赁经营业务，经营规模达到国务院住房城乡建设主管部门会同国务院市场监督管理部门等有关部门规定标准的，适用本条例有关住房租赁企业的规定。

第四章　经纪机构

第二十一条　从事住房租赁业务的房地产经纪机构（以下简称住房租赁经纪机构）应当具备与其经营规模相适应的自有资金、从业人员和管理能力。

第二十二条　住房租赁经纪机构应当将其从业人员名单向所在地县级以上地方人民政府房产管理部门备案。住房租赁经纪机构的从业人员不得同时在两个或者两个以上住房租赁经纪机构从事业务。

住房租赁经纪机构的从业人员不得以个人名义承接

住房租赁经纪业务。

第二十三条 住房租赁经纪机构发布房源信息前，应当核对并记录委托人的身份信息、住房权属信息，实地查看房源，与委托人签订住房租赁经纪服务合同，编制住房状况说明书。住房租赁经纪服务合同、住房状况说明书应当加盖住房租赁经纪机构印章，并按照有关规定保存。

第二十四条 本条例第十五条第二款和第三款、第十六条、第十七条的规定，适用于住房租赁经纪机构。

第二十五条 住房租赁经纪机构不得有下列行为：

（一）为出租不符合建筑、消防、燃气、室内装饰装修等方面的法律、法规、规章或者强制性标准的住房提供经纪服务；

（二）为单独出租厨房、卫生间、阳台、过道、地下储藏室、车库等非居住空间用于居住提供经纪服务；

（三）为单间租住人数上限或者人均最低租住面积不符合规定标准的住房出租提供经纪服务；

（四）代收、代付住房租金、押金；

（五）未经当事人同意，以当事人名义签订住房租赁合同；

（六）法律、法规、规章禁止从事的其他行为。

第二十六条 住房租赁经纪机构应当对收费服务项

目明码标价,不得在标价之外加价或者收取未予标明的费用。

第二十七条 出租人和承租人通过住房租赁经纪机构签订住房租赁合同的,由住房租赁经纪机构办理住房租赁合同备案。

第五章 监督管理

第二十八条 国务院住房城乡建设主管部门会同国务院市场监督管理部门制定并公布住房租赁合同、住房租赁经纪服务合同示范文本。

第二十九条 设区的市级以上地方人民政府应当建立住房租金监测机制,定期公布本行政区域内不同区域、不同类型住房的租金水平信息。

第三十条 县级以上地方人民政府房产管理部门应当通过住房租赁管理服务平台开展合同备案、租赁住房信息管理、统计监测等管理与服务,并与民政、自然资源、教育、市场监督管理、金融管理、公安、税务、统计等部门建立信息共享机制。

第三十一条 县级以上地方人民政府房产管理部门应当会同有关部门加强对住房租赁活动的监督检查,依法及时处理违法行为。

第三十二条　县级以上地方人民政府房产管理部门可以委托实施单位承担住房租赁管理的支持辅助等相关具体工作。房产管理部门委托的实施单位不得以营利为目的。

县级以上地方人民政府房产管理部门应当对其委托的实施单位加强监督，并对实施单位在委托范围内的行为后果承担法律责任。

第三十三条　县级以上地方人民政府房产管理部门应当会同有关部门、住房租赁相关行业组织加强住房租赁行业诚信建设，建立住房租赁企业、住房租赁经纪机构及其从业人员信用评价制度，将相关违法违规行为记入信用记录，纳入全国信用信息共享平台，并根据信用状况实施分级分类监管。

第三十四条　住房租赁相关行业组织应当建立健全行业规范，加强行业自律管理，促进行业健康发展。

第三十五条　在住房租赁活动中，因押金返还、住房维修、住房腾退等产生纠纷的，由出租人和承租人协商解决；协商不成的，可以依法申请调解、仲裁或者提起诉讼。

第三十六条　提供住房租赁信息发布服务的网络平台经营者（以下简称网络平台经营者）应当核验住房租赁信息发布者的真实身份信息。

网络平台经营者知道或者应当知道信息发布者有提供虚假信息等违法情形的,应当依法采取删除相关信息等必要措施,保存相关记录,并向有关部门报告。

网络平台经营者不得代收、代付住房租金、押金。

第三十七条　出租人应当按规定如实登记并报送承租人及实际居住人信息,发现违法犯罪活动应当及时向公安机关报告。具体办法由国务院公安部门制定。

承租人不得利用租赁住房实施违法犯罪活动。

第六章　法　律　责　任

第三十八条　有下列情形之一的,依照有关法律、法规、规章的规定处罚:

(一)出租不符合建筑、消防、燃气、室内装饰装修等方面的法律、法规、规章或者强制性标准的住房;

(二)损坏、擅自拆除、停用消防设施;

(三)改动租赁住房承重结构;

(四)私拉乱接水、电、燃气管线。

第三十九条　将厨房、卫生间、阳台、过道、地下储藏室、车库等非居住空间单独出租用于居住,或者租赁住房不符合规定的单间租住人数上限或者人均最低租住面积标准的,由县级以上地方人民政府房产管理部门责令改正，给予警告；拒不改正的，对单位处2万元以上10万元以下的罚款，对个人处2000元以上1万元以下的罚款；有违法所得的，没收违法所得。

第四十条 住房租赁企业、住房租赁经纪机构不具备与其经营规模相适应的自有资金、从业人员、管理能力的，由县级以上地方人民政府房产管理部门责令改正，给予警告；拒不改正、造成严重后果的，责令停业整顿。

第四十一条 住房租赁企业、住房租赁经纪机构有下列情形之一的，由县级以上地方人民政府房产管理部门责令改正，给予警告；拒不改正的，处2万元以上10万元以下的罚款：

（一）未按照规定报送开业信息；

（二）未在其经营场所醒目位置公示本企业开业信息、服务规范和标准等；

（三）未建立住房租赁档案并如实记载相关信息，或者未健全住房租赁信息查验等内部管理制度；

（四）未按照规定办理住房租赁合同备案。

住房租赁企业未按照规定报送其经营的租赁住房信息及其变化情况，或者住房租赁经纪机构未按照规定与委托人签订住房租赁经纪服务合同或者未编制住房状况说明书的，依照前款规定处罚。

第四十二条 住房租赁企业、住房租赁经纪机构发布虚假或者误导性房源信息，隐瞒或者拒绝提供拟出租住房有关重要信息的，由县级以上地方人民政府房产管理部门责令改正，给予警告，处2万元以上10万元以下的罚款；有违法所得的，没收违法所得；拒不改正的，责令停业整顿；情节严重的，由县级以上地方人民政府房产管理部门提请同级市场监督管理部门依法吊销其营业执照。

住房租赁企业、住房租赁经纪机构非法收集、使用、加工、传输他人个人信息，或者非法买卖、提供或者公开他人个人信息的，依照有关个人信息保护的法律、法规的规定处罚。

第四十三条　从事转租经营的住房租赁企业未按照规定设立住房租赁资金监管账户并向社会公示，或者未按照规定通过该账户办理住房租赁资金收付业务的，由县级以上地方人民政府房产管理部门责令改正，给予警告，处2万元以上10万元以下的罚款；拒不改正的，处10万元以上50万元以下的罚款。

第四十四条　住房租赁经纪机构有下列情形之一的，由县级以上地方人民政府房产管理部门责令改正，给予警告，处2万元以上10万元以下的罚款；有违法所得的，没收违法所得；拒不改正的，责令停业整顿：

（一）发布房源信息前未核对并记录委托人的身份信

息、住房权属信息，或者未实地查看房源；

（二）为出租不符合建筑、消防、燃气、室内装饰装修等方面的法律、法规、规章或者强制性标准的住房提供经纪服务；

（三）为单独出租厨房、卫生间、阳台、过道、地下储藏室、车库等非居住空间用于居住提供经纪服务；

（四）为单间租住人数上限或者人均最低租住面积不符合规定标准的住房出租提供经纪服务；

（五）代收、代付住房租金、押金；

（六）未经当事人同意，以当事人名义签订住房租赁合同；

（七）未按规定将其从业人员名单备案。

网络平台经营者代收、代付住房租金、押金的，依照前款规定处罚。

第四十五条　住房租赁经纪机构的从业人员同时在两个或者两个以上住房租赁经纪机构从事业务，或者以个人名义承接住房租赁经纪业务的，由县级以上地方人民政府房产管理部门责令改正，给予警告，可以处1万元以下的罚款；有违法所得的，没收违法所得；拒不改正的，1年内不得从事住房租赁经纪业务；情节严重的，5年内不得从事住房租赁经纪业务。

第四十六条　网络平台经营者未履行核验责任的，

县级以上地方人民政府房产管理部门应当通报网信部门，由网信部门依据职责予以处置，可以处10万元以下的罚款；情节严重的，可以责令暂停相关业务或者停业整顿。

第四十七条 房产管理部门和其他有关部门工作人员在住房租赁活动监督管理工作中滥用职权、玩忽职守、徇私舞弊的，依法给予处分。

第四十八条 违反本条例规定，给他人造成损失的，依法承担赔偿责任；构成违反治安管理行为的，由公安机关依法给予治安管理处罚；构成犯罪的，依法追究刑事责任。

第七章　附　　则

第四十九条 保障性住房的租赁活动及其监督管理，国家另有规定的，从其规定。

集体土地上住房租赁活动，由省、自治区、直辖市人民政府根据实际情况，制定管理办法。

第五十条 本条例自2025年9月15日起施行。

司法部、住房城乡建设部负责人就《住房租赁条例》答记者问

2025年7月16日,国务院总理李强签署第812号国务院令,公布《住房租赁条例》(以下简称《条例》),自2025年9月15日起施行。日前,司法部、住房城乡建设部负责人就《条例》有关问题回答了记者提问。

问:请简要介绍一下《条例》的出台背景。

答:住房问题事关保障和改善民生,发展住房租赁市场是有效解决住房问题的重要途径。近年来,我国住房租赁市场不断发展,对实现住有所居、改善住房条件、推进新型城镇化、促进城乡融合发展发挥了重要作用。与此同时,我国住房租赁市场发展也面临一些问题,市场秩序有待规范,对租赁双方合法权益的保障还不充分;住房租赁市场供给主体以个人为主,市场化、专业化的机构主体发展不足;住房租赁经纪机构在房源信息发布、费用收取等方面还存在不规范行为;对住房租赁活动的监督管理仍需强化等。解决上述问题,既需要进一步深入贯彻实施有关民事法律制度,调整好住房租赁活动当

事人的民事权利义务关系，也有必要制定专门行政法规，更加有力有效规范和引导住房租赁市场，促进住房租赁市场高质量发展，为加快建立租购并举的住房制度提供支撑。

问：《条例》制定工作的总体思路是什么？

答：《条例》制定工作坚持以习近平新时代中国特色社会主义思想为指导，在总体思路上主要把握以下三点：一是聚焦住房租赁市场发展中的突出问题，着力增强制度的针对性和实效性。二是准确把握立法定位，着重明确行政管理措施，处理好与有关民事法律制度的关系。三是规范和引导并重，在强化监督管理、维护市场秩序的同时，引领住房租赁市场高质量发展。

问：《条例》如何规范出租和承租行为，保护出租人和承租人的合法权益？

答：规范出租和承租行为，保护出租人和承租人的合法权益，是规范住房租赁市场秩序的重要方面，也是《条例》的重要内容。针对实践中存在的突出问题，《条例》从以下几个方面作了明确规定：一是对用于出租的住房提出明确要求。规定用于出租的住房应当符合建筑、消防等相关规定和强制性标准，不得危及人身安全和健康；厨房、卫生间、阳台、过道、地下储藏室、车库等非居住空间不得单独出租用于居住；租赁住房单间租住人数上限和人均最低租住面积应当符合设区的市级以上地方人民政府规定的标准。二是加强合同管理。规定出租人和承租人应当使用实名签订住房租赁合同，住房租赁合同应当向所在地房产管理部门备案。三是明确出租人与承租人的行为规范，特别是针对承租人合法权益保护不到位问题，规定住房租赁合同应当明确约定押金的数额、返还时间以及扣减押金的情形等事项，出租人无正当理由不得扣减押金；出租人解除住房租赁合同应当通知承租人并为承租人腾退租赁住房留出合理时间，不得采取暴力、威胁或者其他非法方式迫使承租人解除合同或者腾退住房。

问：在引导和规范住房租赁企业发展方面，《条例》作了哪些规定？

答：住房租赁企业是指以自有住房或者依法取得经营管理权的他人住房开展住房租赁经营业务的企业，是市场化的机构主体，其规范发展对于住房租赁市场高质量发展具有重要意义。《条例》一方面明确规定国家完善政策措施，培育市场化、专业化的住房租赁企业，同时加强对住房租赁企业的规范，规定住房租赁企业应当具备与其经营规模相适应的自有资金、从业人员和管理能力，向所在地房产管理部门报送开业信息；发布的房源信息应当真实、准确、完整，不得发布虚假或者误导性房源信息或者隐瞒、拒绝提供拟出租住房重要信息；建立住房租赁档案，健全内部管理制度，不得非法收集、使用、加工、传输或者非法买卖、提供或者公开他人个人信息；向房产管理部门报送其经营的租赁住房信息；从事转租经营的按规定设立住房租赁资金监管账户并通过该账户办理住房租赁资金收付业务。此外，考虑到实践中存在自然人从事转租业务且规模较大的情况，《条例》还规定，自然人转租他人住房开展住房租赁经营业务，经营规模达到国务院住房城乡建设主管部门会同国务院市场监督管理部门等有关部门规定标准的，适用本条例有关住房租赁企业的规定。

问：实践中很多人通过经纪机构租赁住房，《条例》对此作了哪些规定？

答：住房租赁经纪机构是住房租赁市场的重要参与者，其行为直接关系市场秩序和当事人合法权益。《条例》将规范住房租赁经纪机构行为作为重要内容，抓住几个关键环节作了明确规定。一是自身条件要求。明确住房租赁经纪机构应当具备与其经营规模相适应的自有资金、从业人员和管理能力，并将从业人员名单向所在地房产管理部门备案。二是信息发布要求。规定住房租赁经纪机构发布房源信息前应当核对并记录委托人的身份信息、住房权属信息，实地查看房源并编制住房状况说明书；对收费服务项目明码标价；明确住房租赁经纪机构适用本条例关于住房租赁企业报送开业信息、公示本企业相关信息、发布房源信息、健全内部管理制度等方面的规定。

问：《条例》如何加强对住房租赁市场的监督管理？

答：《条例》主要从以下几个方面进一步强化对住房租赁市场的监督管理。一是规定国务院住房城乡建设主管部门会同市场监督管理部门制定并公布住房租赁合同、住房租赁经纪服务合同示范文本；二是规定设区的市级以上地方人民政府应当建立住房租金监测机制，定期公布租金水平信息；三是规定房产管理部门应当通过住房租赁管理服务平台开展管理与服务，与有关部门建立信息共享机制；四是规定住房租赁相关行业组织应当加强行业自律管理。

问：为确保《条例》顺利实施，需要做好哪些工作？

答：为确保《条例》贯彻实施，有关方面将抓紧做好以下几个方面的工作。一是加大宣传解读力度。采取多种方式做好《条例》的宣传解读和培训指导，帮助有关部门工作人员、社会公众等更好地掌握《条例》内容，确保《条例》得到准确理解和严格执行。二是抓紧完善配套制度。国务院有关部门、地方人民政府将及时出台相关配套规定，进一步细化制度措施，增强制度的可操作性，确保《条例》的规定落地落实。三是加强统筹协调。国务院有关主管部门要切实加强组织实施和监督管理，地方人民政府要统筹做好具体实施工作，有关部门要按照职责分工强化协同配合、形成工作合力，确保各项制度有效实施。